Reise durch

MENORCA

Bilder von
Hans Zaglitsch

Texte von
Jürgen August Alt

Stürtz

Erste Seite:
Gelb und Rot sind auch die Farben der spanischen Flagge. Aber diese Fahne betont die regionale Selbstständigkeit der Insel Menorca.

Vorherige Seite:
Die Cala Macarella gehört zu den schönen unverbauten Buchten des Südens. Von dort führt ein Weg zu einer der verwunschenen Schluchten, zum Barranc des Canalet.

Unten:
Die Urlauber genießen das schöne Wetter und die spektakulären Ausblicke an der Cova d'en Xoroi, der meistbesuchten Höhle Menorcas. In der Nacht ist sie allerdings nur für diskotaugliche Gäste geeignet.

Seite 10/11: *Das Cap de Cavalleria ist der nördlichste Ort der Insel. Die Urlauber, die das Cap besuchen, nutzen ganz bestimmt die Gelegenheit, auf das manchmal brausende, schäumende Meer zu schauen.*

Inhalt

Menorca – eine Insel der Kulturkämpfe

An der zerklüfteten Nordküste liegt der anheimelnde Ort Na Macaret. Dort genießen viele Menorquiner das gemächliche Treiben am Strand der Cala Molí. Etliche der weißen Häuser sind Wochenenddomizile der Einheimischen.

Wieso ist es plausibel, Menorca als Insel der Kulturkämpfe zu charakterisieren? In der ganzen Welt treffen doch Kulturen aufeinander, geraten in Konflikte und führen Kriege. Weil eine kleine Insel mit einer überschaubaren Zahl wehrhafter Krieger leicht zur Beute mächtiger Angreifer oder zum Spielball in globalen Konflikten werden kann. Piraten und Osmanen machten der Insel im 15. und 16. Jahrhundert zu schaffen. Freibeuter, also Seefahrer, die auf bewaffneten Schiffen unterwegs waren, verschleppten Nutztiere und Bewohner. Osmanen belagerten die Insel und versklavten viele Menschen. Das waren Raubzüge, mit denen Mitglieder fremder Kulturen den Menorquinern das Fürchten lehrten.

Die Insel geriet immer wieder in den Strudel überregionaler Machtkämpfe. So hatte das Ende des Spanischen Erbfolgekrieges, 1713 besiegelt durch den Frieden von Utrecht, nachhaltige kulturelle und wirtschaftliche Folgen. Spanien musste Menorca an die Engländer abtreten, die seit 1708 die Insel besetzt hatten. Die Engländer bescherten den Insulanern einige friedliche Jahrzehnte und prägten Menorca. 1720 eröffneten sie einen neu erbauten Weg zwischen Mahón (Maó) und Ciutadella, der heute den Namen des verantwortlichen Gouverneurs Richard Kane trägt. Mit dem Camí d'en Kane schufen die Engländer eine Verbindung zwischen den beiden Städten, ein Projekt, das sowohl den Handel als auch Militärtransporte erleichterte.

Zu den einschneidendsten Maßnahmen der englischen Herrscher gehörte die Entscheidung, Maó anstelle von Ciutadella zur Hauptstadt zu machen. Das empörte deren Einwohner, vor allem den konservativ gestimmten Klerus, aber auch die Adligen. Immerhin waren die Engländer Protestanten, ein Umstand, der sie von vornherein verdächtig erscheinen ließ. Bei dem Entschluss, die Hauptstadt Menorcas in den Osten zu verlegen, spielte Maós Hafen eine große Rolle. Er war für die jeweils Herrschen-

den ein wichtiges Element, um die Kontrolle über das Mittelmeer zu erlangen und zu verteidigen. Deswegen bauten die Engländer die Festung Sant Felip massiv aus, mit dem Ziel, eine uneinnehmbare Bastion zu errichten.

Über die militärstrategische Funktion hinaus, diente der Hafen als Handelsplatz. Die Engländer entwickelten nicht nur Infrastrukturen, wie den Camí d'en Kane, um den Handel zu beflügeln. Sie investierten auch in Bildung und Kultur, indem sie beispielsweise allen Kindern eine schulische Ausbildung ermöglichten. So erlebten die Menorquiner lange nach der islamischen Besatzung abermals einen Kulturtransfer. Die Engländer brachten neue Ideen auf die Insel, Ideen, die mit der früh einsetzenden Aufklärung in England zusammenhingen. Sie hatten ein anderes Verständnis von Wirtschaft, Handel, Bildung und Verwaltung. Menorca durchlief eine Phase herrschaftlich organisierter, verordneter Aufklärung.

Gegen Ende der englischen Besatzung häuften sich die Konflikte zwischen den Insulanern und den Engländern. 1756 bezwangen die Franzosen die doch eigentlich uneinnehmbare Festung Sant Felip. Bereits 1763 mussten die neuen Herrscher, wie es der Friedensvertrag von Paris vorsah, die Insel wieder den Engländern überlassen. Insgesamt dreimal lenkten die Briten Menorcas Geschicke, bevor die Insel 1802 ein Teil Spaniens wurde. Den Hinterlassenschaften der Engländer begegnen Einheimische und Besucher – vor allem in Maó – auf Schritt und Tritt, ein Erbe, das Menorcas Bewohner schätzen und bewahren, wie zum Beispiel den Palast Gobierno Militar, den Carrer de Hannover und den Camí d'en Kane. Inzwischen treten die Engländer auch wieder leibhaftig in Erscheinung: als Touristen, vor allem im August.

Menorca im Bürgerkrieg und während der Franco-Diktatur

In den 1930er-Jahren erlebte Spanien eine der konfliktträchtigsten und gewaltsamsten Phasen seiner Geschichte. Am Anfang stand der Versuch, eine Demokratie zu etablieren, nachdem die Monarchie im Jahre 1931 gescheitert war. Die junge Demokratie, die „Zweite Republik", entwickelte sich unter denkbar ungünstigen Bedingungen. Während andere Länder schon dabei waren, die Folgen der Weltwirtschaftskrise zu bewältigen, litt Spanien Anfang der 1930er-Jahre besonders stark an den Auswirkungen dieser Krise. Zwischen 1931 und 1936 stieg die Zahl der Arbeitslosen dramatisch. Eine Streikwelle erschütterte das Land. Gleichzeitig ging der Außenhandel deutlich zurück. Vier politische Gruppierungen kämpften um die Macht, eine rechte, konservative, mit der

Kirche verbündete, eine sozialistische, eine anarchistische und eine liberale republikanische Fraktion. Die Republikaner strebten nach einer bürgerlichen, stabilen und wirtschaftlich starken Demokratie. Sie trugen, zusammen mit den Sozialisten, 1931 einen triumphalen Wahlsieg davon. Die von ihnen geprägte Verfassung legte eine Trennung von Staat und Kirche fest, ein Regelwerk, das den Einfluss der katholischen Kirche begrenzte. Mehrere führende Politiker bekannten sich zu ihrer anti-klerikalen Haltung und ließen keinen Zweifel daran, dass sie die Macht der Kirche weiter zurückdrängen wollten.

Im Verlauf des ersten Jahres der Demokratie nahm die Kompromissbereitschaft unter den politischen Kräften ab. Arbeiterorganisationen probten einen revolutionären Weg zu einer besseren Gesellschaft. Deren Aufstände wurden niedergeschlagen. Schließlich, im Jahre 1936, taumelte Spanien in einen katastrophalen Bürgerkrieg, der das Land in zwei heterogene Blöcke teilte. Der Volksfront, gebildet aus linken Republikanern, Sozialisten und Anarchisten, stand die Nationale Front gegenüber, zu der rechte Republikaner, Katholiken, Verteidiger der Monarchie und eine kleine Gruppe von Faschisten gehörten. Während des Bürgerkriegs, der von 1936 bis 1939 tobte, setzten sich auf Menorca die Anhänger der Volksfront durch, genauer gesagt deren republikanischer Teil. Ebenso wie auf dem Festland hatten die Auseinandersetzungen auf der beschaulichen Insel eine antiklerikale Stoßrichtung. Die republikanische Haltung der Menorquiner war auch, aber nicht nur – eine späte Hinterlassenschaft der Engländer, die liberales Gedankengut mitgebracht hatten.

Im Verlauf des Bürgerkriegs wechselten die Regimes mehrmals in den jeweiligen Regionen. Schließlich setzten sich die Nationalisten durch, nicht zuletzt deswegen, weil sie einheitlicher agierten als die heillos zerstrittenen Republikaner. Im Jahre 1939, dem Jahr, in dem der Zweite Weltkrieg ausbrach, übernahm der kampferprobte General Franco die Macht im ganzen Land. Franco brachte das Kunststück zu Stande, eine Diktatur ohne klar erkennbare Ideologie zu errichten. Der kleinen Fraktion der Faschisten, der Falange, legte er Zügel an. Sie versanken allmählich in der Bedeutungslosigkeit. Francos Machtfülle gründete vor allem auf dem Militär, gefolgt von der katholischen Kirche und „seiner Partei“. Von einer frühen Phase der Diktatur mit faschistischen Zügen einmal abgesehen, inszenierte sich Franco als Bewahrer und Gestalter der Nation – und in dieser Rolle bekämpfte er unnachsichtig die regionalistischen und separatistischen Bewe-

Leuchttürme erhöhen die Sicherheit in rauer See. Vor Menorcas Nordküste sind schon viele Schiffe verunglückt, weil dort – vor allem im Winter – heftige Stürme toben. Eines ist bei jedem Wetter sicher: Die Ausblicke am Far de Punta Nati sind atemberaubend.

gungen. Er unterdrückte lokale und regionale Kulturen, insbesondere Sprachvarianten wie das Katalanische, das heute die Amts- und Alltagssprache der Menorquiner ist.
Die Insel war ein Dorn im Auge des Herrschers. Er ließ die 1875 eingeweihte Festung La Mola Fortalesa Isabel II. ausbauen. Diese gewaltige Anlage wurde einst errichtet, um Menorca nebst den anderen Balearen zu schützen und die Kontrolle über das Mittelmeer zu stabilisieren. Der Diktator machte daraus einen Kerker für widerspenstige Kritiker und Regionalisten. Heute dient das im nördlichen Teil des Hafens gelegene Bauwerk ausschließlich friedlichen Zwecken. Die restaurierte Anlage erinnert die Besucher nicht nur an die Schrecken, die sie verbreitet hat, sie präsentiert den Besuchern auch eine eindrucksvolle Architektur. Deren ästhetischer Reiz steht für die Verwandlung eines gefürchteten Gefängnisses der Franco-Ära in ein Freilichtmuseum.

Bon dia statt buenos días – die Entscheidung für das Katalanische

In die gewalttätigen Auseinandersetzungen und Kulturkämpfe spielte ein landesinterner Konflikt hinein: der Gegensatz zwischen einem zentral regierten nationalen Staatswesen und den regionalistischen Bewegungen. Deren Ursprünge reichen bis in die Mitte des 19. Jahrhunderts zurück. 1869 erhielt Spanien zum ersten Male eine parlamentarisch erarbeitete Verfassung, die das allgemeine Wahlrecht für die erwachsenen Männer festlegte. Die Erste Republik, die damit auf den Weg gebracht wurde, währte nicht lange. 1874 trat ein strikt zentralistisches, diktatorisches System an ihre Stelle. Ab diesem Zeitpunkt schwoll der Regionalismus zu einer mächtigen Bewegung an, weil er sich als Widerstand gegen den Zentralismus formierte. Auch die Sozialistische Partei und die Arbeiterbewegung sagten dem autoritären System den Kampf an, jedoch aus anderen Gründen und mit anderen Zielen als die Separatisten. Anfang der 1880er-Jahre trat die katalanische Bewegung auf den Plan, deren Anhänger nach weitgehender Autonomie strebten. Während der Franco-Diktatur verwandelte sich der Regionalismus der Katalaner nach und nach in einen militanten Separatismus.

Franco starb im Jahr 1975. Das Ende seiner Diktatur bahnte sich schon früher an. Um 1970 geriet das Regime ins Wanken, obwohl die letzte Franco-Regierung einige halbherzige Reformen auf den Weg gebracht hatte. König Juan Carlos I. hielt eine Thronrede, mit der er eine Demokratisierung des Landes in Aussicht stellte. Der Übergang in die Demokratie verlief unblutig, vor allem deswegen, weil die Gefolgsleute Francos daran beteiligt waren. Gegenüber den Eliten der Diktatur und dem Militär verfolgten die Reformer eine Strategie der Inklusion.

Den Konflikt zwischen Separatisten und der Regierung in Madrid versuchten die Politiker zu befrieden, indem sie autonome Regionen schufen. Doch damit wollten sich die Separatisten nicht abfinden; ihnen ging diese Maßnahme nicht weit genug. 2006 verabschiedeten das katalanische und das spanische Parlament ein überarbeitetes Autonomiestatut. Dort wurde in der Präambel für Katalonien der Begriff „Nation" verwendet. Diese und einige andere Passagen scheiterten am Verfassungsgericht. Die Empörung in Katalonien schlug hohe Wellen, der Konflikt spitzte sich zu. 2012 forderten die Teilnehmer eines großen Aufmarsches in Barcelona einen „neuen Staat" in Europa: Katalonien. Eine wichtige Rolle in diesem Konflikt spielt die Sprache. Sprache schließt Menschen ein und grenzt andere Menschen aus. Sie ist ein Bestandteil der kulturellen Identität. Der Globalisierung und der Mobilität zum Trotz bleiben nationale, regionale und lokale Eigenarten für viele Menschen bedeutsam. Es ist daher nicht verwunderlich, dass spanische Regionalisten und Separatisten ihren Kulturkampf auch um die Sprache führten. Schauplatz dieser Kämpfe waren und sind Behörden, Schulen, Gedenkstätten und Museen.

Den Status eines autonomen Außengebiets erhielten die Balearen im Jahre 1983. Die Inselregierung entschied, das Katalanische als Amtssprache einzuführen; die Bewohner der Inselgruppe sind aber keine Katalanen. Besucher der Insel Menorca, die öfter dorthin reisten, bemerkten das Katalanische zuerst im Straßenverkehr. Ein Hinweisschild nach dem anderen musste einem neuen weichen. So lasen die Reisenden Maó statt Mahón, ein Weg hieß nun camí statt camino, eine Straße carrer statt calle. Am Flughafen entdeckten manche Touristen, dass neben „Arrival" die Ausdrücke „Arribada" und „Llegada" standen. Strandbesucher räkeln sich heute auf einer platja und nicht, wie in früheren Zeiten, auf einer playa. Die Menorquiner sprechen einen Dialekt des Katalanischen, ihr Català, so die katalanische Schreibweise, ist also eine Inselversion. Der Rekurs auf das Català ist auch in denjenigen Restau-

Einer der bedeutenden Kulturschätze Ciutadellas ist die mächtige Kathedrale Santa Maria. Anfangs war die Kirche, erbaut im 14. Jahrhundert, ein durch und durch gotisches Bauwerk. Nachdem die Osmanen der Kathedrale übel mitgespielt hatten, wurden neue Stilelemente hinzugefügt.

rants angekommen, die ihre Speisekarten in mehreren Sprachen präsentieren, auf Englisch, häufig auch auf Deutsch, Spanisch und Katalanisch. In anderen Restaurants, die gerne von Einheimischen besucht werden, können die Gäste keine „tapas“ mehr bestellen, sondern „tapes“. Meistens schmecken sie vorzüglich.

Französische Spuren – Menorca im Siebenjährigen Krieg

Schon zu früheren Zeiten war die Insel Schauplatz von Konflikten. Der Siebenjährige Krieg war ein weltweiter Kampf, der an vielen Orten wütete, in der Karibik, in Europa, Indien und Nordamerika. Zu den historischen Umständen, die diesen Krieg herbeiführten, gehörte der Konflikt zwischen England und Frankreich, das Ringen um Macht, Märkte und Ressourcen. Die erste Schlacht auf europäischem Boden lieferten sich Engländer und Franzosen vor einer kleinen Insel im Mittelmeer: Menorca. Im Februar des Jahres 1756 planten die Franzosen einen Doppelschlag gegen ihren Rivalen, einen Angriff auf England und die Eroberung Menorcas. Im April lag eine feindliche Flotte vor der Insel. Der englische Admiral John Byng versuchte mit seinen Schiffen Menorca zu bezwingen, doch er musste einer französischen Flotte weichen. Nach dieser Niederlage erklärten die Engländer ihrem Widersacher Frankreich den Krieg. Schließlich zogen Preußen, Österreich, Spanien, Portugal, Russland und Frankreich zu Felde. In England führten die Medien eine Kampagne gegen John Byng, der seiner Nation eine schmähliche Niederlage bereitet hatte. Zu früh habe er die Flucht ergriffen, lautete der im ganzen Land verbreitete Vorwurf. Die Empörung in der Bevölkerung schlug hohe Wellen. Byng musste sich vor einem Kriegsgericht verantworten, ein Prozess, der mit seiner Hinrichtung endete. Wie die Araber und die Briten brachten auch die Franzosen Elemente ihrer Kultur auf die Insel, sie hinterließen ihre Spuren.

So zum Beispiel bei dem Ort Sant Lluis, der seinen Namen dem französischen König Ludwig IX. verdankt, einem König, der im 13. Jahrhundert regierte. 1758 begannen die Franzosen mit dem Bau einer Kirche, die heute das Ortsbild prägt. Das zweite dominierende Bauwerk ist die 1762 errichtete Mühle, die ein Museum in sich birgt.

In Sant Lluis hat der bekannte niederländische Autor Cees Nooteboom seine zweite Heimat gefunden. Im Sommer lebt er auf der Insel, die kühlen und kalten Tage verbringt er in Amsterdam – welch ein Kontrast. 1987 veröffentlichte Cees Nooteboom ein paar Texte über Menorca und Spanien – die Liebeserklärung eines Intellektuellen an die Insel. Er habe, so schreibt der Autor, zwei Leben, eines verläuft in Amsterdam, das andere spielt sich auf der Insel ab. Warum er ausgerechnet den Ort Sant Lluis gewählt hat, verrät er seinem Lesepublikum nicht. Welche Vorzüge bietet dieser Ort? Das Meer ist nahe, wenige Kilometer entfernt, am Wasser liegt die anheimelnde Siedlung Alcaufar. Andererseits liegt Sant Lluis doch weiter vom Meer entfernt, als den meisten Besuchern lieb ist. Folglich lebt unser Schriftsteller dort unter Einheimischen, was den Kontrast zu seiner niederländischen Heimatstadt verstärkt. Auf einer schnurgeraden Straße gelangt man nach vier Kilometern von Sant Lluis in die Hauptstadt der Insel. Auch der Flughafen liegt nahe, östlich von Nootebooms Wohnort. Das sind vermutlich Vorteile für einen, der zwei Leben führt. Die Wirkung dieser Doppelexistenz auf sein Lebensgefühl verrät der Autor seinen Lesern. Es kommt ihm so vor, „als lebe man länger".

Menorca heute: eine Insel für Urlauber

In Spanien, so schrieb Cees Nooteboom 1987, habe der Adel nach wie vor einen großen Teil des Landes in seiner Hand. Dass Grundbesitz auch Macht verleiht, konnten Touristen auf Menorca am eigenen Leib erfahren. Die Grundbesitzer der Insel bereiteten nämlich den Wanderern viel Verdruss. Oft endete ein Weg vor einer Steinmauer oder einem Gatter. Die Neigung von Landbesitzern, Spaziergänger und Wanderer auszusperren, rief Widerstände hervor. Eine Bürgerinitiative setzte sich dafür ein, den Pferdeweg, den Camí de Cavalls der Öffentlichkeit wieder zugänglich zu machen. Auch diejenigen, die Menorca als Ferieninsel vermarkten, hatten ein großes Interesse daran, eine Infrastruktur für Wanderer zu schaffen. Den Camí de Cavalls wieder gangbar zu machen, war ein Großprojekt. Der Rundweg um die gesamte Insel drohte bereits in Vergessenheit zu geraten. Manche Wegabschnitte mussten erst wiederentdeckt, andere restauriert werden. Einige Eigentümer hatten die Größe ihrer Grundstücke wohl überschätzt und den Weg zugebaut.

Seitdem der Rundweg wieder zugänglich ist, nämlich seit 2010, preisen und beschreiben ihn die Reisehandbücher. Mehrere Publikationen widmen sich ausschließlich den Wanderungen, die der Camí de Cavalls bereithält. Ein paar

Die Cala en Turqueta gehört zu den zauberhaften Buchten im Süden der Insel. Auch an dieser Bucht führt der Camí de Cavalls vorbei. Es lohnt sich sehr, dort zu verweilen.

weniger attraktive Wegstrecken führen durch Orte hindurch oder laufen entlang einer Straße. Es ist an vielen Stellen aber möglich, vom rechten Weg abzuweichen. Bei Son Bou beispielsweise haben Wanderer die Option, am Strand entlangzugehen, statt dem Camí durch die Siedlung hinter dem Feuchtgebiet zu folgen. Im Westen des Ortes Son Parc lohnt es sich, den Camí zu verlassen, um den Strand Arenal de Son Saura zu besuchen und von dort einen kleinen Umweg zur zauberhaften Cala Pudent zu gehen.

Menorca hat noch weitere Anstrengungen unternommen, um die Infrastruktur für Wanderer zu verbessern. So führen inzwischen Holzplanken durch das Dünengebiet bei Son Bou, und die Schilder, die im Naturpark S'Albufera die Wege weisen, helfen den Besuchern zuverlässig, auf der gewählten Strecke zu bleiben. Aber der Camí de Cavalls war ein Durchbruch. Er hat Menorca in eine Insel für Wanderer verwandelt.

Den Menorquinern ist es weitgehend gelungen, größere Bausünden zu vermeiden. Viele Küstenabschnitte blieben unverbaut. In den 1980er- und 1990er-Jahren waren die etwas abgelegenen Strände häufig vermüllt. An einigen Stellen konnten schnorchelnde Touristen eine hellbraune Brühe entdecken, die über dem klaren Meerwasser waberte, nämlich Gülle. Eine große Menge Kuhmist auf einer kleinen Insel zu entsorgen, ist gewiss schwierig. Heute hinterlässt Menorca allerdings einen sauberen Eindruck. Diese erfreuliche Entwicklung verdankt die Insel nicht zuletzt einer 1977 gegründeten Vereinigung, der G.O.B. (Grup Ornitològic Balear), die den Umweltschutz auf den Balearen vorantreibt, wobei die menorquinische Sektion besonders aktiv zu sein scheint.

Die Menorquiner haben auf der Insel auch eine museale Infrastruktur entwickelt, sie pflegen und präsentieren ihre Natur- und ihre Kulturschätze. Das Centre de la Natura de Menorca zum Beispiel, ein kleines Museum in Ferreries, stellt seinen Besuchern Pflanzen und Tiere vor, die auf Menorca zu Hause sind. Das Kunsthandwerk, vor allem das traditionelle, wird in Es Mercadal in Szene gesetzt. Das Centre Artesanal präsentiert nicht nur Papier- und Holzarbeiten, Keramik, Schmuck und viele andere kunsthandwerkliche Produkte. Die Besucher

Mitten in Maós Altstadt liegt dieser Platz, die Plaça d'Espanya. Im Hintergrund ragt die Església de Santa Maria in den Himmel.

lernen traditionelle Handwerksberufe und deren Arbeitsweisen kennen. Diesem Zweck dienen auch eine Bibliothek, Workshops und Sonderausstellungen. Das Handwerkszentrum ist ein Ort der Begegnung und zugleich Bestandteil einer Vermarktungsstrategie für die menorquinischen Kunsthandwerker.

Ein besonders beeindruckendes Beispiel für die Anstrengungen der Menorquiner, Naturschätze zugänglich zu machen, liefert das Steinbruchmuseum. Auf der Insel gibt es viele stillgelegte Steinbrüche. Einer davon dient heute als Freilichtmuseum. Im Pedreres de s'Hostal erfahren die Besucher, wie die Steinbrecher in früheren Zeiten das Kalkgestein abbauten und wie sich im Verlauf des 20. Jahrhunderts die Arbeitsmethoden veränderten. Das Museum bietet Orte der Stille und des Staunens, vor allem im Bereich der alten Brüche, in denen die Arbeiter noch ohne maschinelle Hilfe die Steine aus dem Felsen schlugen. In diesem Freilichtmuseum, das auch Einheimische nutzen, gehen außerdem öffentliche und private Veranstaltungen über die Bühne. Für Menorca hat es sich gelohnt, die Tourismusindustrie vergleichsweise behutsam auszubauen. Heute ist Menorca ein attraktiver Ort – für Urlauber, für Teilzeitbewohner wie Cees Nooteboom und für Einheimische.

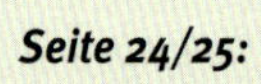

Seite 22/23: *An der Cala Mesquida genießen viele Einheimische, insbesondere Bewohner der Stadt Maó, die Sonne. Der alte Wachturm Torre de sa Mesquida, den die Engländer 1799 bauten, thront über den beiden Strandabschnitten.*

Seite 24/25: *Fornells darf sich rühmen, ein Ort der Fischlokale zu sein. Der Langusteneintopf soll nirgendwo so gut schmecken wie dort. Die wichtigsten Zutaten dieses Gerichts sind: Knoblauch, Petersilie, Thymian, Estragon, Weinbrand, Schalotten, Tomaten und Lorbeerblätter.*

LA MEJOR
binete Or

Ciutadella und der Westen der Insel

Etwas nördlich von Ciutadella kann man den steinernen Torbogen, den Pont d'en Gil bestaunen. Die Urlauber, die sich die Mühe machen, über die kargen, unwegsamen Felsformationen zu klettern, werden den Anblick dieser Landschaft nicht so schnell vergessen.

Ciutadella mutet anders an als Maó. Das kleine Städtchen ist verwunschener, spanischer; die Hafenregion und die alten Gassen umgibt ein mediterraner Zauber. Jeder Spaziergang durch Ciutadella führt an der Kathedrale vorbei. König Alfons III. ließ das gotische Bauwerk auf den Grundmauern einer Moschee errichten, so als wollte er die Ära der islamischen Herrschaft für immer unter dem Kalkgestein einer triumphierenden Insel begraben.

Etwas nördlich von Ciutadella können Urlauber den westlichsten Teil der Insel erleben, das Cap de Bajolí, eine Region mit steil abfallender Küste. Ein paar Kilometer weiter entlang der Nordküste liegt die Cala Morell, eine Bucht, in der viele Boote ankern. Wanderer, die von der Cala Morell den Camí de Cavalls in Richtung Westen entlanggehen, erreichen bald die Platges Algaiarens, die in eine der schönsten Landschaften Menorcas eingebettet sind.

Genau auf der gegenüberliegenden Seite, im Süden der Insel, kann man einige besonders idyllische Strände entdecken, die Cala es Talaier, die Cala en Turqueta, die Cala Macarella und die Cala Macarelleta. Ein Stück landeinwärts hinter den Stränden befinden sich Landschaftselemente, die für den Süden, insbesondere den Südwesten der Insel typisch sind: Barrancs, Schluchten. Vom Ort Ferreries führt ein Weg in Menorcas größte Schlucht hinein, in den Barranc d'Algendar. Sogar im Sommer finden Wanderer in den Schluchten schattige, kühle, feuchte Orte, große und kleine Höhlen. Zu der Cova des Coloms, einer vergleichsweise häufig besuchten Höhle, führt ein verwunschener Weg, der am Strand Platja Binigaus beginnt. Einige Wegstrecken in den Schluchten sind beschwerlich. An vielen Tagen begegnen den Wanderern nur wenige Menschen; an manchen Tagen sehen sie niemanden. So bleiben sie für eine Weile allein auf einer Insel im Mittelmeer.

__Links:__
Einfahrt des Hafens von Ciutadella. Lang und schmal gleicht er eher einem Fluss. Über den Hafen führt der Camí de Cavalls zur südlich gelegenen Cala Santandria.

__Unten:__
Im 17. Jahrhundert wurde das Castell de Sant Nicolau gebaut, das der Verteidigung des Hafens von Ciutadella diente. Das weiße Kalkgestein stammt aus Steinbrüchen der Insel.

__Ganz unten:__
Die Cala des Degollador ist ein kleiner Stadtstrand mit etwas Sand im Süden Ciutadellas. Auch dort ist das Wasser sehr klar.

__Seite 30/31:__
Ciutadellas alter Hafen gilt als ein kultiger Ort mit mediterraner Atmosphäre. In den Bars, den Läden und den Lokalen pulsiert das Leben. Auf der Plaça des Born können Passanten das Treiben im Hafen von oben betrachten.

HAMBURGUESERIA
BURGER
RESTAURANT
ARROSSERIA
RESTAURANT DESPORT

Ciutadellas Hafen aus zwei verschiedenen Blickwinkeln: Viele Besucher schätzen die milden Abende dort zum Beispiel bei einem mediterranen Essen. Ein paarmal im Jahr gibt es hier das Phänomen der Rissaga-Welle, die große Zerstörungen anrichten kann. Inzwischen gibt es ein Vorwarnsystem für die aufgrund eines bestimmten Luftdrucks und Windes entstehende Riesenwelle.

Oben:
Blick vom Hafen in die Altstadt von Ciutadella. Das Rathaus aus dem 19. Jahrhundert ragt an der Plaça des Born über die benachbarten Gebäude.

Links:
Von der Plaça des Born fällt der Blick auf den Hafen. Von hier betrachtet man das Rissaga-Phänomen aus sicherer Höhe.

Linke Seite:
Durch die Altstadt Ciutadellas führen etliche enge Gassen. Stundenlang macht es Vergnügen, zu Fuß die Stadt zu erkunden und bezaubernde Ecken zu entdecken.

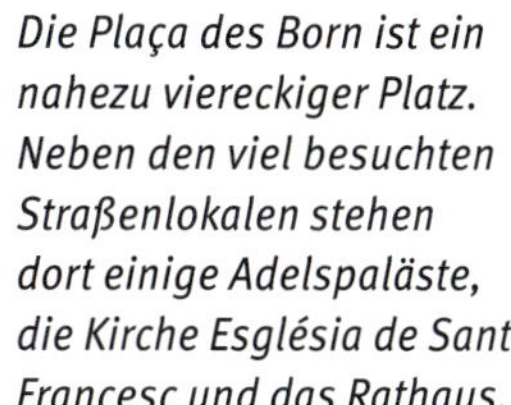

Die Plaça des Born ist ein nahezu viereckiger Platz. Neben den viel besuchten Straßenlokalen stehen dort einige Adelspaläste, die Kirche Església de Sant Francesc und das Rathaus.

Arkaden säumen die Plaça de la Llibertat, ein Ort, der zum Verweilen einlädt. Dort können Passanten Lebensmittel kaufen oder in einer kleinen Bar dem quirligen Leben zuschauen.

Oben:
Der Bischofspalast ganz in der Nähe der Catedral de Ciutadella Santa Maria unterstreicht den Anspruch der katholischen Kirche, an der Macht teilzuhaben. Nach dem Ende der islamischen Herrschaft im 13. Jahrhundert bestimmten vor allem der Klerus und der Adel für lange Zeit die Geschicke der Insel.

Rechts:
So sieht das Wohnzimmer eines Adelspalastes aus. Die Gemälde an den Wänden des Palau Olivar haben neben ihrem Wert als Kunstwerke noch eine symbolische Funktion. Sie demonstrieren Bildung, Kunstverständnis, Reichtum und Macht.

Oben:
Das Diözesanmuseum in Ciutadella mit seinen schönen Arkaden steht unmittelbar neben der Kirche, der Església del Socors. Früher war das Museum ein Augustinerkloster.

Links:
Im 17. Jahrhundert wurde die Església del Socors erbaut. Am Ende des Jahrhunderts erhielt das Gotteshaus noch eine beeindruckende barocke Orgel.

Unten:
König Alfons III. ließ die Kathedrale Santa Maria von Ciutadella auf dem Fundament einer Moschee erbauen. Das mächtige Gotteshaus bildet heute den Mittelpunkt der Altstadt.

Rechts oben:
Auf der Plaça des Born schlendern die Touristen am Rathaus vorbei. Es ruht auf den Resten eines Alcazar-Palastes aus der Zeit der maurischen Besatzung.

Rechts Mitte:
Obwohl der Bau des Rathauses erst gegen Ende des 19. Jahrhunderts begann, birgt das Gebäude einen gotisch anmutenden Saal.

Rechts unten:
Die Orgel der Kathedrale Santa Maria erfreut die Besucher mit ihrem guten Klang. Das Instrument ist über dem Portal de sa Llum angebracht, zwischen den Seitenkapellen. So mancher Besucher wundert sich über die ungewöhnliche Uhr.

Oben:
Im Osten der Altstadt spenden Palmen Schatten an der Plaça d'Alfons III. (auch Plaça ses Palmeras). Einheimische wie Urlauber lassen sich gerne auf den Bänken nieder.

Rechts:
Plätze wie die Plaça d'Artrutx sind Bestandteile der menorquinischen Alltagskultur. Einheimische nutzen sie als Orte der Ruhe und der Begegnung.

Links:
Ein besonders wichtiger Ort für die Einwohner Ciutadellas ist die Plaça de Llibertat. Kleine Bars und Läden gruppieren sich um die Markthalle; die Arkaden spenden Schatten.

Unten:
Auch Urlauber finden den Weg in die Markthalle an der Plaça de Llibertat, um vor allem Obst und Gemüse einzukaufen. Auch in der kleinen Fischhalle drängen sich die Kunden an den Ständen.

Oben:
Der größte öffentliche Platz in Ciutadella ist die Plaça des Born. Ein Obelisk erinnert daran, dass osmanische Piraten die Stadt im 16. Jahrhundert verwüsteten.

Rechts:
Auch diese Kirche, die Església de Sant Francesc, hielt dem Ansturm der Piraten nicht stand. Im 19. Jahrhundert erhielt dieses Bauwerk seine heutige Gestalt.

Oben:
An der Plaça Vella fällt die markante Säule mit dem Schaf auf, gestaltet von einem menorquinischen Künstler. Dieses Gebilde verweist auf den Hammelsonntag, den Beginn des rauschenden Stadtfestes „Festes de Sant Joan". Beim Höhepunkt dieses Spektakels bahnen sich verwegene Reiter mit ihren Pferden einen Weg durch die lärmende Menschenmenge.

Links:
Fünf Gassen treffen an der Plaça Vella aufeinander. Hinter den schönen Arkaden verbergen sich Cafés, Souvenirläden und Boutiquen.

Wechselvolle Geschichte – die maurische Epoche

Zu den zahlreichen kulturellen Wechselbädern, in die Menorca hineingeriet, gehört die Zeit der islamischen Herrschaft. Was sich damals auf der Insel abspielte, bleibt unverständlich, wenn man es nicht in einem größeren historischen Zusammenhang betrachtet.
Der Siegeszug der islamischen Welt begann auf der arabischen Halbinsel im 7. Jahrhundert. Bereits 711 gelang es den islamischen Kriegern über die Meerenge von Gibraltar nach Spanien vorzudringen. Die Balearen blieben vorerst unangetastet, aber es lag nahe, auch diese Inseln zu besetzen, waren sie doch ein strategisch wichtiger Ort, um die Kontrolle über das Mittelmeer zu gewinnen, die damals in den Händen der Byzantiner lag. Deren Vorherrschaft begann im 9. Jahrhundert zu bröckeln. Muslimische Truppen eroberten die drei Mittelmeer-Inseln Kreta, Sizilien, Malta und im Jahre 903 Menorca. Die turbulente Geschichte der Insel während dieser Epoche erklärt sich nicht zuletzt dadurch, dass die Muslime weder eine homogene Religion noch eine einheitliche Gesellschaftsstruktur bildeten. Sunniten, Schiiten, regionale Gruppierungen, Clans und Stammesfürsten gerieten häufig in blutige Auseinandersetzungen.

Kulturelle und technische Neuerungen

Die Bezwinger des spanischen Festlandes und der Balearen waren die Mauren, also Araber und Angehörige eines Nomadenstammes, nämlich der Berber. Sie bescherten Menorca eine Reihe kultureller und technischer Neuerungen, unter anderem ein Bewässerungssystem, das die landwirtschaftliche Produktion steigerte. Bei allen Spannungen zwischen den islamischen Eroberern und der christlich-byzantinischen Bevölkerung bemühten sich die Muslime um eine Kooperation mit den regionalen Eliten. Die Mauren repräsentierten eine Kultur, die in mancherlei Hinsicht der europäischen überlegen war. Insbesondere die Wissenschaften konnten sich in der islamischen Welt – allen ideologischen Grabenkämpfen zum Trotz – freier entfalten. Auf Menorca profitierten die Einheimischen von den Leistungen der neuen Herrscher. Alsbald florierte der Handel, der den Wohlstand mehrte.

Almoraviden und Almohaden

Das Ende dieser vergleichsweise toleranten Herrschaft im 10. Jahrhundert bahnte sich an, als eine neue islamische Gruppierung aus Afrika nach Norden vordrang: die Almoraviden. Sie gehörten zu den Erweckungsbewegungen, die sich im Besitz des rechten, des reinen Glaubens wähnten – und diesen auch durchsetzen wollten. Die Almoraviden waren ebenso fromm wie kampfbereit. Im Jahre 1116 errichteten sie auf Menorca ihre strenge Herrschaft. Den Almoraviden folgte im 12. Jahrhundert eine weitere religiöse Bewegung, die „Streiter für die Einheit Gottes", die Almohaden. Ihr Führer, der Prediger Ibn Tumart (circa 1080–1130), war ein Bewunderer des Philosophen und Mystikers Al-Ghazālī. Dieser einflussreiche Denker reagierte mit seinen Lehren auf die zahlreichen Deutungen des Korans und auf die Zersplitterung der islamischen Welt in konkurrierende Sekten. Entschieden – und mit ausgeklügelten Argumenten – wies er den Anspruch mancher Philosophen zurück, allein auf rationale Weise die Welt erklären und gestalten zu können. Al- Ghazālī hatte nicht vor, die Philosophie abzuschaffen, er plädierte aber dafür, dieses kontroverse und damit heikle Unterfangen einer kleinen Elite zu überlassen. Die überwältigende Mehrheit der Muslime sollte sich dagegen am Koran orientieren. Mit solchen Ideen im Gepäck und dem Schwert in der Hand führte Ibn Tumart seine Truppen in einen heiligen Krieg. Im Jahre 1202 übernahmen die Almohaden die Macht auf Menorca und regierten mit unnachgiebiger Härte. Aber sogar unter der Fuchtel der Almohaden blühten die Künste und die Wissenschaften. Noch war die europäische Welt der islamischen unterlegen, noch vollzog sich der Kulturtransfer von dort in den Westen. Bis ins 16. Jahrhundert hinein inspirierten die wissenschaftlichen und künstlerischen Erträge der islamischen Welt das europäische Denken.
Als unter König Alfons III. spanische Truppen 1287 die muslimischen Besatzer in grausamen Kämpfen niederschlugen, existierte Al-Andalus, das islamische Spanien bereits nicht mehr. Die Krieger, die das Gemetzel überlebt hatten, flohen in die Festung auf dem Berg Santa Àgueda, konnten sie aber nicht halten. Klägliche Reste des Gebäudes erinnern noch heute daran, dass an diesem Ort die muslimische Herrschaft ihr blutiges Ende fand.

Links:
Mit den Moslems kamen neue Techniken nach Menorca. Die Inselbewohner lernten bessere Verfahren kennen, mit denen sie Mauern bauten und Gärten anlegten – hier bei Es Migjorn Gran.

Oben:
Die islamischen Besatzer nutzten auch die Hinterlassenschaften anderer Kulturen. Diese Gebäudeteile der talaiotischen Siedlung Torre d'en Gaumés wurden von den Mauren weiterverwendet.

Kleine Bilder rechts, von oben nach unten: Ein Blick in diese Lücke zwischen zwei Seitenkapellen der Kathedrale Santa Maria in Ciutadella verrät, dass der Glockenturm auf dem Fundament eines Minaretts errichtet wurde.

Maurische Spuren: Auf diesem Stück Wand in der Kathedrale Ciutadellas hinterließen die islamischen Herrscher ein Motiv aus der arabischen Welt.

Auch diese Säulen verraten ihren maurischen Ursprung. Die Kathedrale von Ciutadella steht auf den Fundamenten einer Moschee. König Alfons III. folgte damit einer Praxis, die in religiös legitimierten Herrschaftssystemen üblich war.

Rechts:
Diese südlich von Ciutadella gelegene Bucht, die Cala Santandrina, konnte ihre typische mediterrane Anmutung bewahren. Viele Menorquiner haben an dieser Bucht ihre Häuser gebaut.

Links:
Anders als die Cala Santandrina hat die Cala Blanca unter der Bebauung etwas gelitten. Ihre Beliebtheit scheint trotzdem ungebrochen zu sein.

Links:
Einer von mehreren Leuchttürmen der Insel: Er hält Wache am Cap d'Artrutx, der Ort, mit dem Menorcas Südküste im Westen beginnt.

Unten:
Das schäumende Meer trifft auf Felsformationen an der Cala en Bosc, die etwas mehr als einen Kilometer vom Leuchtturm am Cap d'Artrutx entfernt liegt.

Ganz unten:
Im Sommer herrscht an der Cala en Bosc Hochbetrieb. Dann füllen sich jeden Abend die Bars am Hafen der Feriensiedlung.

Oben:
Nach einem Spaziergang entlang des Camí de Cavalls von der Cala en Bosc in Richtung Osten erreicht man die idyllische Cala Mitjana. Von dort führt der Camí ein Stück weit ins Landesinnere.

Rechts:
Die Cala Macarelleta und die Cala Macarella gehören zu den schönsten Buchten im Süden der Insel. Wer ostwärts weiterwandert, erreicht bald die berühmte Cala Santa Caldana.

Seite 52/53:
Es gibt Reisende, die behaupten, die Cala Santa Caldana sei die schönste Bucht der Balearen. Im Osten der Bucht, die einen großen Bogen beschreibt, befindet sich eine Felsküste, von der aus die gesamte Bucht zu überblicken ist.

Links:
Nicht nur das türkisblaue Wasser macht den Aufenthalt an der Cala Macarella zu einem unvergesslichen Erlebnis. Auch die Aleppokiefern, die den Strand säumen, tragen zur mediterranen Atmosphäre bei.

Unten:
Die Cala en Turqueta gliedert sich ebenfalls in die drei Landschaftselemente, die diese südlichen Buchten so zauberhaft erscheinen lassen: weißer Sand, türkisblaues Wasser und grüne Gehölze.

Oben:
Ferreries hat sich mit der Schuh- und Möbelherstellung einen Namen gemacht. Aber auch Käse und Wein, die das Landgut Sant Patrici erzeugt, mehren den Wohlstand des Ortes. Es ist möglich, die Käserei und die Kellerei zu besuchen.

Rechts:
Hier lagert der Wein, den die Besucher in der Bodega Sant Patrici probieren können. Die Weine Menorcas erfreuen sich zunehmender Beliebtheit.

Oben:
Für einen Bummel durch den Ortskern von Ferreries sollte man sich etwas Zeit nehmen. Die Ursprünge der Kirche Sant Bartomeu reichen bis ins Mittelalter zurück.

Links:
Ferreries ist der am höchsten gelegene Ort der Insel. Zum Gemeindegebiet gehört die berühmte Cala Santa Caldana, ein Umstand, der Gelder in die Gemeindekasse sprudeln lässt.

Ganz links:
Die gepflegten Häuser und die mit Blumen geschmückten Gassen zeugen vom Wohlstand dieses Ortes. Besucher, die sich für Ökologie interessieren, können in Ferreries das Centre de la Natura de Menorca besuchen.

Unten:
Im Steinbruchmuseum Pedreres de s'Hostal bei Ciutadella gibt es viel zu entdecken. Die meisten Gebäude der Insel wurden aus den weißen und ockerfarbenen Gesteinen errichtet.

Rechts oben:
Südöstlich von Ciutadella liegt die Ermita Sant Joan de Missa. Die einschiffige Kirche birgt in ihrem Innenraum zwei gotische Bögen aus dem 15. Jahrhundert.

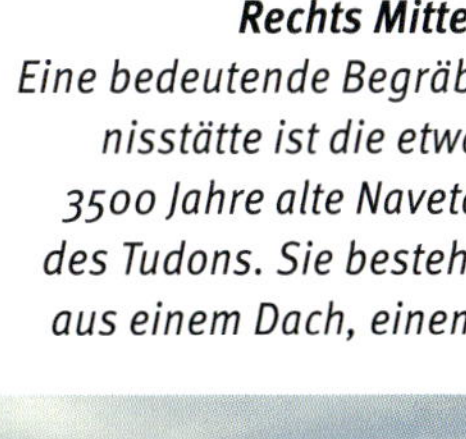

Rechts Mitte:
Eine bedeutende Begräbnisstätte ist die etwa 3500 Jahre alte Naveta des Tudons. Sie besteht aus einem Dach, einem Vorraum, einer oberen und einer unteren Kammer. Neben Skeletten konnten Archäologen noch Waffen, Schmuck und Gefäße bergen.

Rechts unten:
Das Geheimnis der T-förmigen Steinbauten ist noch nicht gelüftet – hier in der talaiotischen Siedlung Torrelafuda. Vermutlich hatten sie eine rituelle oder magische Funktion. Vielleicht waren es heilige Orte.

Oben:
An der Cala en Blanes beginnt das westlich von Ciutadella liegende Feriengebiet mit zahlreichen Appartements. Etwas weiter nördlich können Urlauber den großen Felsbogen an der Steilküste bestaunen, den Pont d'en Gil.

Rechts:
Der Dreiklang von türkisblauem Wasser, grünen Kiefern und weißen Häusern lockt auch in der Cala en Blanes.

Oben:
Auch die Cala en Brut gehört zu diesem Feriengebiet bei Ciutadella. Die touristische Vermarktung dieser Region begann in den 1970er-Jahren.

Links:
Meerwasser, das die Felsen umspült, und Verwitterungsprozesse im Gestein schufen die Felslandschaft. Bei den Liegeflächen in der Cala en Brut haben die Menschen nachgeholfen.

Links:
Ruhig und dunkelblau liegt das Meer vor der Punta Pont d'en Gil. Die Küste am steinernen Bogen ist karg und steil. An stürmischen Tagen schlägt das Meer hohe Wellen.

Unten:
Das Cap Punta Nati mit dem jüngsten Leuchtturm der Insel zieht Urlauber magisch an – bei jedem Wetter sind die Ausblicke faszinierend.

Oben:
Wer von einem im Süden gelegenen Strand direkt zum Cap Punta Nati fährt, kann leicht dem Eindruck erliegen, auf einer anderen Insel gelandet zu sein. Geologisch betrachtet ist Menorca tatsächlich zweigeteilt: in einen zerklüfteten Norden mit älteren Gesteinen und einen sanften Süden.

Rechts:
Ein einzeln stehendes Landgut ist ein vertrauter Anblick auf den Balearen. Die großen Bauernhöfe – „Sons" – haben immer noch eine große wirtschaftliche Bedeutung.

Unten:
Steinmauern, sogenannte „parets", durchziehen wie ein Netzwerk die gesamte Insel. Die Trockensteinmauern umfrieden Äcker und Weiden, gemauerte Ställe beheimaten das Vieh.

Oben:
An der Cala Morell können die Besucher Gestein entdecken, das zu den ältesten der Insel gehört. Die weißen Häuser an der Bucht fügen sich gut in die Landschaft.

Links:
Die Coves prehistórics in der Cala Morell wurden als Begräbnis- und vermutlich Wohnanlagen genutzt. Die größeren Höhlen haben Stützpfeiler.

Unten:
Der nördlichste Ort der Insel ist das Cap de Cavalleria mit der schwindelerregenden Steilküste, die 90 Meter zum Meer hin abfällt. Die Gesteine stammen aus dem Devon (419 bis 359 Millionen Jahre).

Rechts oben:
Der Leuchtturm des Cap de Cavalleria stammt aus dem Jahre 1857 und ist der älteste der Insel.

Rechts Mitte:
Westlich von Fornells erstreckt sich die Cala Tirant über eine Länge von annähernd 600 Metern. Das Dünengebiet, eine kleinwüchsige Vegetation, weiße Häuser und ansehnliche Appartement-Anlagen kennzeichnen diese Bucht.

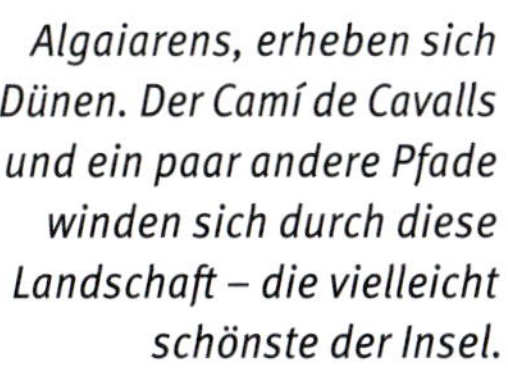

Rechts unten:
Welch eine Küstenregion! La Vall heißt das Gebiet, in dem Steineichen, Aleppokiefern und diverse Sträucher gedeihen. Hinter den Stränden, den Platges Algaiarens, erheben sich Dünen. Der Camí de Cavalls und ein paar andere Pfade winden sich durch diese Landschaft – die vielleicht schönste der Insel.

Turbulenzen am Mittelmeer – Erdgeschichtliche und geologische Aspekte

Die Erde ist ein unruhiger Planet. Meere entstehen und vergehen, Kontinente tauchen auf und versinken. Sie driften auseinander, ziehen aneinander vorbei und stoßen zusammen. Angetrieben wird dieser fortwährende Wandel durch zirkulierende Wärmeströme im Erdinneren. Die für uns sichtbaren Landmassen sind Bestandteile großer Platten, die sich unter dem Meerwasser fortsetzen. Auch das Klima des Planeten schwankt beträchtlich, ebenso die Zusammensetzung der Atmosphäre.

Superkontinent

Die Geschichte der Balearen und des heutigen Festlands, der spanischen Halbinsel, begann vor rund 200 Millionen Jahren, als die Landmassen einen zusammenhängenden Superkontinent bildeten – die Vorgeschichte dieses riesigen Landes wird hier nicht erzählt. Mittendrin, im östlichen Teil, lag eine Region, aus der das heutige Spanien hervorgehen sollte. Der Großkontinent brach auseinander, zunächst an einer Stelle, deren Teile heute Afrika und Nordamerika bilden. Ein Teil des Meerwassers, das den Riesenkontinent umspülte, drang zwischen die auseinanderbrechenden Massen. Nach weiteren 50 Millionen Jahren ragte der westliche Teil Spaniens in diesen neuen Ozean hinein. Und vor ungefähr 70 Millionen Jahren, gegen Ende der Kreidezeit, war Iberia von Meerwasser umgeben. An einigen Teilen war die Insel von Land umhüllt, das später wegbrach. Der Winzling Menorca, die anderen Balearen und das Mittelmeer existierten noch nicht. Doch nach ein paar Millionen Jahren tauchten die Balearen auf; Mallorca „klebte" am iberischen Festland. Und Menorca? Diese Insel lag nahe am Festland, nördlich von Mallorca. Weil Menorcas Gesteine älter sind als die der übrigen Balearen, muss die Entstehungsgeschichte dieser Insel etwas anders verlaufen sein. Doch ab diesem Zeitpunkt teilten sie eine gemeinsame Geschichte. Sie bildeten eine Inselgruppe in dem Meer, das nun ganz allmählich zu entstehen begann, dem Mittelmeer. Eine wichtige Rolle spielte dabei Afrika beziehungsweise die Afrikanische Platte. Sie bewegte sich mit Arabien im Schlepptau in Richtung Europa und Asien. Dieser Vorgang und das zeitgleiche Driften der Eurasischen Platte führten vor etwa 22 Millionen Jahren dazu, dass Afrika über die Arabische Halbinsel mit Asien verbunden wurde. Das dabei eingeschlossene Wasser ist das Mittelmeer. Während der Entstehung des Meeres traten die Balearen eine Reise in südöstlicher Richtung an, weiter hinaus ins Meer. Gleichzeitig drehte sich der italienische Stiefel gegen den Uhrzeigersinn. Er rückte also von Afrika weg und dem europäischen Festland näher. So entstand der Teil des Mittelmeers, der heute „Adria" heißt.

Ausgetrocknetes Mittelmeer

Vor ein paar Millionen Jahren verschwand das noch recht junge Mittelmeer – es trocknete aus. Zu den Ursachen dieses dramatischen Vorgangs gehörten Klimaschwankungen und ein damit zusammenhängender Rückgang des Treibhausgases CO_2. Erdgeschichtlich betrachtet ist das Austrocknen des Mittelmeers kaum mehr als eine Episode. Doch diese Episode veränderte die Pflanzenwelt am Mittelmeer und trug so dazu bei, aus dieser Region das größte „Winterregengebiet des mediterranen Klimatyps" zu machen. In diesen Gebieten dominieren immergrüne Hartlaubgewächse die Vegetation. Die derben, saftarmen Blätter dieser Pflanzen sind äußerst langlebig, angepasst an saugende und fressende Lebewesen, denen sie meist standhalten. Zu den typischen Bewohnern Menorcas und des gesamten Mittelmeerraumes gehören immergrüne Eichen, Aleppokiefern, Erdbeerbäume, Wacholder, Liliengewächse und diverse Gräser. Der Norden Menorcas ist der ältere Teil der Insel; dort prägen Gesteinsformationen aus dem Devon (419–359 Millionen Jahre) die Küstenlandschaft. Vor allem dieser geologische Befund unterscheidet Menorca von den übrigen Balearen.

Und wann verschwindet das Mittelmeer wieder? Die Antwort darauf lautet: Es befindet sich bereits auf dem Rückzug. Die Afrikanische Platte rückt unaufhaltsam weiter nach Europa vor. Das heute noch eingeschlossene Meer wird sich innerhalb der nächsten 50 Millionen Jahre ganz schließen.

Links: Der lang gestreckte Strand bei Son Bou ist einer der beliebtesten. Am östlichen Ende des Strandes ragt eine bewaldete Felsformation ins Meer, an der die wilden Wellen nagen.

Oben: Selbst dieses harte Gestein am Cap de Favàritx unterliegt dem Wandel. Die Prozesse, die das Entstehen und Vergehen vorantreiben, gehören mittlerweile zu den grundlegenden Erkenntnissen der Geologie.

Kleine Bilder rechts, von oben nach unten: *Die Gesteinsmassen im Norden, wie hier an der Cala Morell, sind älter als die Gesteine des Südens. Die Entstehungsgeschichte Menorcas verlief anders als die der übrigen Balearen.*

Cap Fornells. Vor 60 Millionen Jahren lagen die Balearen noch nahe am spanischen Festland. Von dort bewegten sie sich in das Mittelmeer, das während dieser Zeit entstanden ist.

Der Süden Menorcas ist nicht nur der jüngere Teil der Insel, auch die Landschaft ist anders. Zahlreiche Buchten, die zum Meer hin verlaufen, durchschneiden den Süden. Außerdem wachsen dort häufiger Bäume in der Strandzone, wie hier an der Cala Macarelleta.

Weil die Afrikanische Platte weiter nach Europa vorrückt, wird das Mittelmeer innerhalb der nächsten 50 Millionen Jahre zusammengedrückt. Diesen gewaltigen Prozess kann auch die bizarre Felsenformation bei Punta Grossa nicht aufhalten.

Fornells, ein Ort aus weißen Gebäuden, lässt keinen Urlaubswunsch offen. Der Ferienbetrieb und das Fischerdorf, besonders bekannt für den Langustenfang, ergänzen sich. Die Kirche Sant Antoni ist ebenfalls weiß gestrichen.

Viele Festlandspanier besitzen ein Ferienhaus in Fornells. Ruhe und Stille findet man an dieser kleinen, von Bougainvilleen gerahmten Kapelle.

Oben:
An der Küste von Fornells haben Geologen Gesteine aus dem Unteren Devon gefunden, die etwa 400 Millionen Jahre alt sind. Es sind junge Gesteine; denn die ältesten bisher auf der Erde entdeckten Steine haben ein Alter von 3,4 Milliarden Jahren.

Links:
Fornells liegt an einer ungefähr vier Kilometer tiefen und zwei Kilometer breiten Bucht. Segler können ihre Boote dort sicher ankern.

Links:
Von Fornells führt ein Weg zum Cap Fornells, das aus den ältesten Steinen der Insel gebildet wird. Schon der Anblick der schroffen Felsenformationen lohnt den Spaziergang dorthin.

Unten:
Am Cap Fornells steht ein Wehrturm, Anfang des 19. Jahrhunderts von den Briten errichtet, der heute ein Museum beherbergt. Dort lernen die Besucher die Funktionen und die Geschichte solcher Wehranlagen kennen.

Ganz unten:
Auch für die Fischerboote ist die Bucht von Fornells meistens ein ruhiger Hafen. Gerade an der Nordküste haben die Leuchttürme bei stürmischer See schon unzählige Male den Schiffen einen sicheren Weg gewiesen.

Seite 72/73:
Vom Monte Toro, dem höchsten Berg der Insel, bietet sich ein großartiger Blick über die Bucht von Fornells.

Maó und der Osten der Insel

Der Name des Strandes Binissafúller verrät seinen islamischen Ursprung. Die Vorsilbe „Bini-“ tragen etliche menorquinische Orte in ihren Namen.

Maó ist urban mit britischer Anmutung und beschaulich zugleich. Das gilt insbesondere für den alten, oberhalb des Hafens gelegenen Stadtteil. Ein Bummel durch die Gassen und Straßen führt an Orten vorbei, die beeindruckende Blicke auf die Hafenregion bieten – Orte zum Verweilen. Auf der Plaça de la Conquesta erinnert der in Bronze gegossene König Alfonso III. an das grausige Ende der muslimischen Herrschaft.

Wenige Kilometer nördlich der Stadt haben die meisten Besucher den Eindruck, in eine andere Welt einzutauchen, ein anderes Menorca zu entdecken. Dort, im Osten, lädt die Cala Mesquida zum Schwimmen und Schnorcheln ein, eine Bucht, die bei den Inselbewohnern sehr beliebt ist. In dieser östlichen Region weht häufig ein starker Wind und hin und wieder fällt stürmischer Regen aus einem dunklen Himmel. Die gebückte Vegetation hat sich an diese unwirtlichen Bedingungen angepasst. Etwas weiter nördlich beginnen die zerklüfteten Küstenabschnitte, denen gegenüber der südliche Teil der Insel beinahe ebenmäßig erscheint. Das Cap de Favàritx, wo die stürmischen Winde ungebremst ankommen, im Norden des Naturparks S'Albufera gelegen, gehört zu den bekanntesten Felsformationen der Insel.

Südlich von Alaior besteht die Möglichkeit, die Reste zweier talaiotischer Siedlungen zu erkunden, die ungefähr 3400 Jahre alt sind. Die Torralba d'en Salord beeindruckt durch eine gut erhaltene Taula, ein T-förmiges steinernes Gebilde, das vielleicht kultischen Zwecken diente. In der Nähe liegt Torre d'en Gaumés, die größte erhaltene Siedlung dieser kulturellen Epoche. Im Sommer kostet ein Besuch dieser schattenlosen Siedlungsreste viel Schweiß. Aber das Meer ist nahe. Nach ein paar Kilometern erreicht man bei Son Bou einen langen Sandstrand.

Unten:
Maós alter Stadtteil thront über dem Hafen. Feriengäste, die dort durch die alten Gassen und über die Plätze bummeln, haben öfter die Gelegenheit, den Port de Maó von oben zu betrachten.

Rechts oben:
Die Església de Santa Maria aus dem 18. Jahrhundert ist ein Beispiel dafür, dass sakrale Bauten und andere Kulturgüter von Angreifern gezielt zerstört beziehungsweise beschädigt wurden. 1535 geriet die Kirche ins Visier osmanischer Krieger. Ihre Berühmtheit verdankt die Kathedrale vor allem ihrer großen klanggewaltigen Orgel.

Rechts Mitte:
Über die Straßen am Port de Maó zu bummeln, bereitet ein großes Vergnügen. Groß ist auch die Versuchung, in den Läden,

die Souvenirs, Schmuck, Kleidung und andere mehr oder weniger nützliche Waren anbieten, viel Geld auszugeben.

Rechts unten:
Auf der Suche nach einem landestypischen Mitbringsel entscheiden sich nicht wenige Besucher für menorquinischen Gin. Der Wacholderschnaps wird zum Beispiel in der Destilerias Xoriguer in Maó, der größten Gin-Destillerie der Insel angeboten.

Restaurant

Velas Fonduco

Seite 78/79:
Bei jedem Licht betrachtet, erscheint die Hafenregion von Maó als ein besonderer Ort. An lauen Abenden strömen die Besucher in die Restaurants und genießen die besondere Atmosphäre.

In diesem Gebäude von klassischer Schönheit – 1761 erbaut – ist die Stadtbibliothek von Maó untergebracht. Es steht an der Plaça de la Conquesta, dem Platz, den die ältesten Gebäude der Stadt umschließen.

Das barocke Rathaus stammt ebenfalls aus dem 18. Jahrhundert. Richard Kane, der den Camí baute, der heute seinen Namen trägt, schmückte das Gebäude mit einer Uhr aus England.

Rechte Seite:
Can Mir heißt dieses beeindruckende Gebäude in Maó. Das heitere Bauwerk wird als ein gelungenes Beispiel der spanischen Variante des Jugendstils gepriesen und wurde 1918 vollendet.

Links oben:
Wie andere sakrale Bauwerke geriet auch die Església del Carme in die Wirren des Spanischen Bürgerkrieges, in dem viele Plünderer unterwegs waren. Sie ist die größte Kirche Maós.

Links:
Schön ist ein Bummel durch die schmalen Gassen Maós. Eine führt zum Beispiel zur Plaça de la Conquesta, auf der ein Standbild an König Alfons III. erinnert, der die islamischen Herrscher der Insel 1287 besiegte.

Oben:
Wie der Name Església del Carme schon vermuten lässt, ist das sakrale neoklassische Bauwerk eine Kirche der Karmeliter. Gegründet wurde der Bettelorden im 13. Jahrhundert.

Rechts oben:
An dem Aussichtspunkt Pont des Castell in Maó sollte niemand vorbeigehen. Es wäre schade, den Blick über den Hafen zu verpassen.

Rechts:
Das Portal de Sant Roc aus dem 16. Jahrhundert ist ein kleines Stück der großen, ursprünglich mittelalterlichen Stadtmauer, die Maó einst vom Rest der Welt trennte.

Oben:
Die Plaça de Colon ist einer jener Plätze, die zum Verweilen und zum Plaudern einladen. Das Denkmal feiert eine Sängerin aus Maó: Pilar Alonso.

Rechts:
Festes de la Mare de Déu de Gràcia in Maó. Feste zu feiern bereitet den Inselbewohnern viel Freude, ob Carnaval, Petrus- oder Patronatsfest – für die Menorquiner gilt das Motto: Man muss die Feste feiern wie sie fallen.

Ganz rechts:
Festlichkeiten mit Reiterumzügen, Pferderennen und anderen Vorführungen ehren den Schutzpatron von Maó am 7. und 8. September.

Oben:
Die Ermita de Gràcia, die Kapelle der Schutzheiligen, in Maó wurde im 15. Jahrhundert erbaut und zählt zu den ältesten Kirchenbauten der Insel.

Links:
Im Inneren der Kapelle – ursprünglich ein eher gotisches Bauwerk – entdeckt man auch barock anmutende Elemente.

Unten:
An der Plaça d'Espanya in Maó bieten die Händler in den Hallen Früchte des Meeres und Fische an. Das reichhaltige Angebot sollte nicht darüber hinwegtäuschen, dass die Fischbestände im Mittelmeer stark zurückgegangen sind.

Rechts oben:
So lässt sich ein Karmeliterkloster auch nutzen: Im Kreuzgang des Claustre del Carme bieten heutzutage Händler ihre Waren an: Käse, Fleisch, Obst, Gemüse und Souvenirs.

Rechts Mitte:
Auch dieser Stand mit dem frischen Obst steht in dem ehemaligen Karmeliterkloster.

Rechts unten:
Die freundliche Händlerin verkauft Fische und Meeresfrüchte auf dem Fischmarkt an der Plaça d'Espanya in Maó.

Queso Mahón und Gin – kulinarische Spezialitäten

Global agierende Hotelketten und Reiseunternehmen tragen dazu bei, die Ess- und Trinkgewohnheiten zu verändern. In vielen Teilen der Welt – und ganz bestimmt in Europa – partizipieren die Menschen an unterschiedlichen Kulturen. Sie kehren „beim Italiener", „beim Chinesen" oder „beim Spanier" ein. Gerade unter den Bedingungen einer fortschreitenden Globalisierung gewinnen die kleinen Welten mit ihren lokalen und regionalen Besonderheiten an Attraktivität. Inseln, vor allem überschaubare Inseln wie Menorca, sind natürliche kleine Welten mit unverrückbaren Grenzen.

Schwarz-weiße Kühe

An einigen der typisch menorquinischen Spezialitäten haben die Engländer mitgewirkt. Die schwarz-weißen Kühe sind eine Hinterlassenschaft des Gouverneurs Richard Kane, der die Tiere im ersten Drittel des 18. Jahrhunderts importieren ließ. Zwar verstehen es die Menorquiner seit vielen Jahrhunderten Käse herzustellen, aber der heute so berühmte „Queso Mahón" wird aus Milch dieser friesischen Kühe hergestellt. Der eingeführte Markenname hat der allgemeinen Umbenennung ins Katalanische standgehalten. Käseliebhaber nutzen gerne die Gelegenheit, in der Stadt Alaior einzukaufen. Neben der bekannten Genossenschaft „Coinga" gibt es dort noch einige kleinere Käsereien, die ihre Produkte direkt den Endverbrauchern anbieten.
In der traditionellen Küche Menorcas und der übrigen Balearen spielt das Brot eine wichtige Rolle. Eine typische Variante besteht aus einem dünnen Teig, der mit diversen Zutaten belegt wird. Wie viele andere Teige im Mittelmeerraum unterscheidet sich der der Balearen durch zwei Zutaten von denen, die in Deutschland verbreitet sind. Statt Wasser verwenden die Bewohner Menorcas trockenen Weißwein – manchmal mit Wasser verdünnt –, und an die Stelle der Butter beziehungsweise der Margarine tritt das Olivenöl.

Zum Ausprobieren

Zutaten: 500 g Mehl, Hefe, eine Prise Zucker, etwas Salz (unter das Mehl mischen), circa 0,25 l Weißwein, 2–3 Esslöffel Olivenöl.
Das Mehl geben Sie in eine Schüssel – Perfektionisten sieben das Mehl. In der Mitte formen Sie eine Mulde. Die Hefe lösen Sie mit dem Zucker in etwas Weißwein (Zimmertemperatur) auf und vergraben dieses Gemisch in der Mulde. Anschließend geben Sie den Wein und das Olivenöl hinzu und kneten einen Teig, den Sie an einen warmen Ort stellen. Sobald der Teig deutlich größer geworden ist, kneten Sie erneut und rollen ihn auf einem Backblech aus. Stechen Sie Löcher hinein (mit einer Gabel oder einem Zahnstocher).
Ein hierzu passender Belag besteht aus 500 g Spinat, 2 Zwiebeln, 2 Knoblauchzehen, 2 Tomaten, Salz, Pfeffer und Pinienkernen. Die gehackten Zwiebeln und Knoblauchzehen lassen Sie in Olivenöl glasig werden und mischen Sie unter den leicht gedünsteten, abgetropften Spinat. Diese Masse verteilen Sie auf dem Brotteig, danach legen Sie kleine Tomatenstücke und Pinienkerne darauf. Zuletzt streichen Sie eine dünne Schicht des in der Pfanne übrig gebliebenen Olivenöls darüber. Im Umluft-Backofen entsteht in etwa 30 Minuten bei 180 Grad eine kulinarische Köstlichkeit.
Es liegt nahe, dieses Gericht mit einem Glas Wein zu genießen – vielleicht mit einem Menorca-Wein? Seit den 1990er-Jahren spielt der Weinanbau auf der Insel eine immer größer werdende Rolle. Die geologischen Unterschiede zwischen dem Norden und dem Süden der Insel begünstigen eine Wein-Vielfalt auf kleinem Raum. Ein Anbaugebiet mit langer Tradition liegt in der Nähe des Ortes Sant Lluis. Zu den dort angebauten Rebsorten gehören Merlot, Cabernet Sauvignon und Tempranillo.
Im 18. Jahrhundert trieben die Engländer den Anbau so sehr voran, dass die Wein erzeugenden Insulaner die Möglichkeit hatten, ihre Produkte zu exportieren. Die Trinkgewohnheiten der Menorquiner, die seit Jahrhunderten Weine erzeugt hatten, blieben davon unbeeinflusst. Doch dem Gin, den die Engländer auf die Insel brachten, sind die Menorquiner bis heute treu geblieben. Der Konsum des Wacholderschnapses ist eine lokale Besonderheit – und ein Beispiel dafür, dass die Herrschaft einer Besatzungsmacht bis in die Trinkgewohnheiten der Einheimischen hineinwirken kann.

Links:
In der Bodega Binifadet kommen Weinliebhaber auf ihre Kosten. Das Weingut liegt im Südosten der Insel, in der Nähe des Ortes Sant Lluis. In dieser Region hat der Weinanbau eine lange Tradition.

Oben:
Eine kulinarische Kostbarkeit der Insel ist der Käse, der Queso de Mahón. Bereits seit dem 5. Jahrhundert wurde auf der Insel Käse hergestellt.

Kleine Bilder rechts, von oben nach unten: *Die Zutaten zu den köstlichen Inselspezialitäten findet man unter anderem in der Markthalle von Ciutadella an der Plaça de la Llibertat.*

Der weiße Käse, der noch nicht gereift ist, wird auch als Frischkäse vermarktet. Halbreife Käsesorten stehen ebenfalls hoch im Kurs. Auf dem Landgut Hort de Sant Patrici kann man bei der Herstellung zuschauen.

Gin Xoriguer heißt eine Inselvariante des Wacholderschnapses, den die Menorquiner den britischen Herrschern verdanken.

Mercado de Peix in Maó. Wie viele Bewohner der Mittelmeerländer essen auch die Menorquiner gerne gut.

Links:
Auf einer Hafenrundfahrt in Maó passiert man unter anderem die Illa del Llatzaret. Um Seuchen unter der einheimischen Bevölkerung zu vermeiden, betrieben die Menorquiner im 19. Jahrhundert auf dem Inselchen eine Quarantäne-station.

Unten:
Am östlichen Ende der Bucht von Maó erstreckt sich die Verteidigungs-anlage La Mola. Im Wett-streit zwischen England, Frankreich und Spanien sollte die imposante Anlage potentielle Angreifer ab-schrecken und im Ernstfall der Verteidigung dienen.

Ganz unten:
Der Ausdruck „La Mola“ hat sich in der Bevölkerung durchgesetzt. Benannt ist die Festung aber eigent-lich nach der spanischen Königin Isabella II., die den Bau der kostspieligen Anlage förderte.

Unten:
Ein kleiner Hafen im großen Hafen von Maó: der Hafen des Ortes Es Castells. In Es Castells kann man im Militärmuseum Menorcas Militärgeschichte erkunden.

Rechts oben:
Wie das Museu Militar ist auch das Rathaus von Es Castells Teil einer ehemaligen Kaserne. In der Nähe des Ortes liegen die Festung Sant Felip und das Fort Marlborough.

Rechts unten:
Für diejenigen, die sich in der beschaulichen Hafenregion Es Castells aufhalten, scheint die Militärgeschichte der Insel weit entfernt zu sein. Aber das Museum des Ortes, die Festung Sant Felip und das Fort Marlborough, ein Vorposten der Festung, sind Orte, an denen die Bedeutung des Militärs für die Insel den Besuchern sehr deutlich wird.

Oben:
Die Punta Prima lockt mit einem schönen Sandstrand, der Platja de Punta Prima. Von dort lohnt sich ein Blick auf die vorgelagerte Insel Illa de l'Aire, Menorcas südwestlichstem Punkt.

Unten:
Nicht weit von der Punta Prima entfernt befindet sich die Cala de Binibèquer. Auch in diesem Fall verrät der Name den Einfluss der islamischen Kultur.

Rechts:
Die Platja Binissafúller ist ein kleiner Strand an einer schmalen anheimelnden Bucht. Während der Hochsaison müssen die Urlauber dicht zusammenrücken.

Unten:
Im Südosten und im Süden der Insel können Urlauber besonders schmale und lang gezogene Buchten besuchen, etwa die Cala Alcaufar, die Cala des Canutells und hier die Cala de Sant Esteve. In unmittelbarer Nähe erinnert das Fort Marlborough an Menorcas konfliktträchtige Geschichte.

Oben:
Einige steinige Küstenabschnitte hat auch der Inselsüden zu bieten. Die hier abgebildeten Felsen liegen nur wenige Minuten von Punta Prima entfernt.

Links:
Hinter den schmalen Stränden der südöstlichen Küste sind mehrere Feriensiedlungen wie zum Beispiel Binibèquer Vell entstanden – alle ganz in weiß.

Links:
Wilde Küstenlandschaft und raue Felsen findet man in der Nähe der Cala des Canutells. Hinter dem Strand dieses Ortes verläuft der Camí de Cavalls.

Unten:
Wanderer, die an der Cala des Canutells vorbeikommen, sollten einen Blick auf die Höhlen werfen. Es sind Begräbnishöhlen aus dem ersten vorchristlichen Jahrhundert.

Großer Beliebtheit erfreut sich die Cala en Porter. Hinter dem Strand beginnt ein Weg, auf dem Wanderer zum Barranc de Cala en Porter gelangen. Dieser Barranc ist eine jener Schluchten, die die Landschaft des Inselsüdens prägen.

Ohne Zweifel ist die Cova d'en Xoroi die bekannteste Höhle der Insel – und die beliebteste Diskothek.

Rechte Seite:
Tagsüber verwandelt sich die Diskothek der Cova d'en Xoroi in ein Café, in dem es – anders als in der Nacht – geruhsam zugeht. In 25 Metern Höhe kann man die wunderbaren Ausblicke genießen.

Links:
Hinter dem längsten Strand der Insel, dem Strand bei Son Bou, erstreckt sich ein Dünen- und ein Feuchtgebiet. Über einen schönen Küstenweg gelangen Wanderer und Strandbesucher von Son Bou nach Sant Tomàs und von dort zur Platja de Sant Adeodat und zur Platja de Binigaus.

Unten:
Die Feriensiedlung Son Bou reicht bis ins Hinterland. Die Reste einer talaiotischen Siedlung können wanderfreudige Besucher von Son Bou zu Fuß erreichen.

Ganz unten:
Am westlichen Ende des Sandstrandes Son Bou verraten die Reste einer frühchristlichen Basilika etwas über die sakrale Architektur im 5. Jahrhundert. Die dreischiffige Struktur kann man noch erkennen und das Taufbecken ist einigermaßen gut erhalten.

Unten:
Menorca zählt zu den agrarwirtschaftlich geprägten Inseln des Mittelmeerraumes. Bauernhöfe sind auf der ganzen Insel verteilt. Nach wie vor benutzen die Inselbewohner größere landwirtschaftliche Flächen.

Rechts oben:
Trockenmauern ziehen Grenzen zwischen landwirtschaftlich genutzten Flächen. Zuweilen führen steinerne Stufen über die Mauern. Aus dem Landschaftsbild der Insel sind diese ohne Mörtel gebauten Steingebilde nicht wegzudenken.

Rechts unten:
In Es Mercadal lohnt ein Besuch der alten Getreidemühle Sa Farinera de S'Arangí, die heute ein Museum ist. Es Mercadal genießt den Ruf, besonders viele kulinarische Kostbarkeiten servieren zu können.

Oben:
Am beschaulichen Örtchen Es Migjorn Gran fahren diejenigen vorbei, die nach Sant Tomàs gelangen möchten. Es Migjorn Gran ist der Ausgangspunkt einer Wanderung, die in den Barranc de Binigaus führt. Der Weg endet an einem schönen Strand, an der Platja de Binigaus.

Kleine Bilder rechts:
Sandalen – auf Menorca „Avarques“ genannt – und anderes Schuhwerk werden auf Menorca keineswegs nur für die Touristen hergestellt. Die Einheimischen sind von der hohen Qualität ihrer Schuhe überzeugt. In der Sandalenfabrik Mibo in Es Migjorn Gran wird eine bunte Vielfalt gefertigt.

Oben:
Die weiße Kirche Sant Cristofol markiert den Es Plà de l'Església in Es Migjorn Gran. Erbaut wurde sie im 18. Jahrhundert.

Links:
Der Ort Es Migjorn Gran ist in eine schöne Landschaft eingebettet. Ganz in der Nähe liegen die Überbleibsel einer talaiotischen Siedlung.

Oben:
Den Ort Es Mercadal, der sich rühmt, das kulinarische Zentrum der Insel zu sein, können Urlauber von oben betrachten, wenn sie den Monte Toro hinauffahren.

Rechts:
Wer durch die Straßen von Es Mercadal schlendert, erfreut sich an den typisch weißen Häusern des Ortes. Hier sollte man aber auch die kulinarischen Kostbarkeiten probieren. Im Zuckerhaus Ca's Sucrer, einer Bäckerei, werden zum Beispiel besonders gut schmeckende Kekse angeboten.

Links:
Die Getreidemühle Sa Farinera de S'Arangí, die manchmal als das „Wahrzeichen von Es Mercadal" bezeichnet wird, ragt unter den umstehenden Gebäuden hervor. Inzwischen hat der Besitzer das Innere der Mühle museal aufbereitet – ein Ort, der die Besucher über die Geschichte der Mühlen aufklärt.

Unten:
Gerne schlendert man durch die ruhigen Gassen von Es Mercadal. Die Restaurants hier bieten einige menorquinische Gerichte an, die man anderenorts vergebens sucht.

Unten:
Ein Ausflug auf den Monte Toro, dem höchsten Berg der Insel, lohnt sich allein schon wegen der schönen Ausblicke. Besonders beeindruckend ist der Blick auf die Bucht von Fornells.

Rechts oben:
Der Aussichtspunkt des knapp 360 Meter hohen Berges ist von Alaior aus gut zu erkennen. Neben der asphaltierten Straße führt auch ein schmaler gangbarer Weg zum Gipfel.

Rechts Mitte:
Camí Sa Roca ist ein verwunschener Weg, der – beginnend bei Alaior – quer durch das bergige Land führt und an der ME 7 endet.

Rechts unten:
Im 16. Jahrhundert wurde begonnen, eine Burg auf dem Monte Toro zu errichten, die aber nicht fertig gestellt wurde. Nur ein imposanter Turm ist heute noch zu sehen. Im 17. Jahrhundert gründeten Augustiner auf dem Berg ein Kloster. Heute halten Franziskanerinnen den Klosterbetrieb aufrecht.

Links:
Auf der Plaça Sant Pere Nou in Alaior steht ein Sakralbau, eine Ermita aus dem 18. Jahrhundert.

Links unten:
Nur wer zu Fuß das alte Alaior erkundet, spürt die anheimelnde Atmosphäre des Städtchens. Die Palme ziert den kleinen Platz Sa Palmereta.

Unten:
Inmitten von Grün liegen die weißen Häuser von Alaior, der drittgrößten Stadt von Menorca. Auf dem höchsten Punkt erhebt sich die Església Santa Eulàlia aus dem 17. Jahrhundert.

Rechts:
Die Plaça de la Constitució dürfte Alaiors beliebtester Platz sein – ein Ort, an dem es sich gut leben lässt.

Rechts unten:
Die Carrer de Baixamar führt zu der aus hellbraunem Marésstein erbauten Església Santa Eulàlia.

Links:
Hier geht es steil nach oben zur Església Santa Eulàlia. In das Innere der Kirche dringt wenig Licht durch drei Rosetten. Die Capella del Roser, die Rosenkranzkapelle mit dem Kreuzrippengewölbe, stammt aus dem 18. Jahrhundert.

Links unten:
Wie andere Kirchen der Insel lässt sich auch die Església Santa Eulàlia nicht eindeutig einer bestimmten Stilrichtung

zuordnen. Barocke, manieristische und gotisch anmutende Elemente treffen in diesem Sakralbau aufeinander.

Unten:
Alaiors große Kirche Santa Eulàlia steht auf einer Anhöhe, sodass sie deutlich über die umliegenden Häuser hinausragt. Während die kleinen Häuser weiß leuchten, schimmert das Kalkgestein der Kirche ockerfarben.

Oben:
Die Reste der größten und vergleichsweise gut erhaltenen talaiotischen Siedlung können Urlauber südlich von Alaior erkunden. Torre d'en Gaumés zeigt Gebäudeteile aus verschiedenen Jahrhunderten.

Rechts:
Drei bis vier Kilometer südlich von Alaior gibt es noch eine Gelegenheit, der weit zurückliegenden Phase der talaiotischen Kultur zu begegnen, nämlich in der Fundstätte Torralba d'en Salord. Das T-förmige Gebilde, eine Taula, diente vermutlich kultischen Zwecken.

Oben:
Tafeln informieren die Besucher über die jeweiligen Siedlungsreste. Neben der Taula können Interessierte in Torralba d'en Salord auch zwei Talaiots betrachten, die einst Wohn- beziehungsweise Wachttürme waren.

Links:
Talaiotische Kultur findet man auch noch in der Nähe von Torralba d'en Salord. Die Ruinen von So Na Caçana waren vielleicht ein religiöses Zentrum auf Menorca.

Links:
An vielen Orten der Insel stößt man auf Reste talaiotischer Siedlungen. Der Talatí de Dalt ist in eine idyllische Landschaft eingebettet.

Unten:
In Maós unmittelbarer Umgebung hat die Talaiot-Kultur ebenfalls ihre Spuren hinterlassen. Die Siedlung Poblat Talaiòtic de Trépuco entstand vermutlich um 1700 v. Chr.

Ganz unten:
In solchen Räumen lebten einst Menschen. Diese überdachten Gebilde sind Bestandteile des Talatí de Dalt.

Bei Sant Lluis treffen sich Weinliebhaber in der Bodega Binifadet. Ob der Wein besser schmeckt, wenn über den Köpfen die Reben hängen?

An der Plaça de sa Creu steht das Rathaus von Sant Lluis gegenüber der Kirche. Die Gründung dieses Ortes ist eine Hinterlassenschaft der Franzosen, die zwischen 1756 und 1763 die Insel beherrschten.

Rechte Seite:
Die Obere Mühle, die Molí de Dalt, in Sant Lluis dient heute als Heimatkunde-Museum. Nach dem Frieden von Paris (1763) mussten die Franzosen Menorca verlassen, sodass sie an der Einweihung der Kirche, deren Bau sie veranlasst hatten, nicht teilnehmen konnten.

Unten:
Ein kleines Stück östlich von Sant Lluis findet man ein weiteres Überbleibsel der talaiotischen Kultur. Der Talaiot de Trebalúger ist die Ruine eines großen Wachtturms.

Ganz unten:
Die Erinnerung an Kriege und kulturelle Konflikte auf der Insel bewahrt das Fort Marlborough.

Rechts:
Fort Marlborough sollte als Vorposten die Verteidigungskraft der Festung Sant Felip verstärken. Das Fort entstand im ersten Viertel des 18. Jahrhunderts. Auch die unterirdischen Stollen der Anlage sind heutzutage für Besucher zugänglich.

Rechts:
Steinig ist der kleine Strand der Cala Murtar. Hier finden sich auch in der Hochsaison nur wenige Sonnenanbeter.

Unten:
Gerne verbringen die Menorquiner, insbesondere Bewohner der Hauptstadt, ihre Freizeit an der Cala Mesquida. Beliebt ist das Schnorcheln entlang der Felsen.

Oben:
Die Cala Llonga liegt im Naturhafen Maós. In der großen Feriensiedlung geben die Besucher den Ton an.

Links:
In Es Grau verbindet ein Kanal die Lagune S'Albufera mit dem Meer. Es Grau ist ein guter Ausgangspunkt, um die faszinierenden Landschaften im Naturpark zu erkunden.

Vogelparadies – der Naturpark S'Albufera des Grau

Im nordöstlichen Teil der Insel liegt der Naturpark S'Albufera des Grau, der als „Vogelparadies", gepriesen wird. Hinter dieser Bezeichnung steckt tatsächlich mehr als eine Vermarktungsstrategie für diese Region. Der Park gilt im Sinne der Ramsar-Konvention als ein Feuchtgebiet von internationaler Bedeutung. Das Abkommen dient häufig dazu, Besucher von der ökologischen Qualität einer Region zu überzeugen. Auch Menorca nutzt diese Option. Neben der internationalen Vereinbarung entspricht S'Albufera des Grau auch einer Richtlinie über die „Erhaltung der wildlebenden Vogelarten". Sie schreibt den EU-Staaten vor, Lebensräume für die Vogelwelt Europas zu erhalten oder Projekte in Gang zu bringen, um solche Gebiete wiederherzustellen. „Natura 2000" heißt das europaweite Netzwerk aller derart geschützten Gebiete. Sie unterliegen, anders als die Naturschutzgebiete, keinem strengen Schutz, sondern stehen einer behutsamen, nachhaltigen Nutzung offen. Im Naturpark S'Albufera liegt eines der Weinbaugebiete der Insel. Menorcas Regierung hat den Park mit gut angelegten Wanderwegen zugänglich gemacht und Vogelbeobachtungsstationen eingerichtet.

Salzhaltige Feuchtgebiete

In der Lagune des Parks siedeln am Wasser und auf dem Wasser heimische Vögel, unter anderem Enten, Gänse sowie viele Schreitvögel, insbesondere Reiher, darunter der Purpurreiher und der Seidenreiher, dessen Federkleid im Sonnenlicht schneeweiß leuchtet. Die großen Schilfbestände bieten verschiedenen Arten einen geschützten Lebensraum. Ein prominentes Beispiel sind die Drosselrohrsänger, die ihre Brutplätze im Pflanzendickicht sorgfältig aussuchen. Im Winter bevölkern auch Zugvögel das gesamte Gebiet. Die Salzgehalte des Lagunenwassers und der Feuchtgebiete schwanken im Verlauf eines Jahres. Manche Bereiche der Feuchtgebiete sind salziger als andere, ein Umstand, der unterschiedliche Lebensbedingungen auf kleinem Raum erzeugt.
Salzige Böden prägen besonders stark das pflanzliche Leben, weil die leicht löslichen Salze, die sich in den Pflanzen anreichern, irgendwie in Schach gehalten werden müssen. Im Verlauf der Evolution sind verschiedene Mechanismen entstanden, mit denen die Pflanzen das Problem bewältigen. Manche Arten sind in der Lage, die Salze über Drüsen aus ihrem Körper zu schleusen. Andere werfen die Pflanzenteile ab, in denen sich das Salz anreichert. Ein gutes Beispiel für eine weitere Strategie liefern die im Park vorkommenden Queller (*Salicornia*). Deren Zellen enthalten spezielle Behältnisse, Vakuolen, in denen die Pflanzen giftige Salze einlagern.

Der Zauber des Zirpens

Die vermutlich berühmtesten Lebewesen nicht nur des Naturparks, sondern der Balearen und des gesamten Mittelmeerraumes sind zwar unüberhörbar, bleiben aber meistens im Verborgenen, nämlich die Grillen. Ihr Zirpen begleitet die Touristen durch den Urlaub; vor allem während der Dämmerung und in der Dunkelheit hüllt das unaufhörliche Zirpen die Menschen ein und sorgt für eine besondere Stimmung.
Die Grillen gehören zu der artenreichen Gruppe der Heuschrecken, die über akustische Kommunikationssysteme verfügen. Mit ihrem rechten Vorderflügel reibt die Grille über eine bestimmte Stelle ihres linken Vorderflügels, wodurch die artspezifischen Signale erzeugt werden. Und wozu das Ganze? Es sind die Männchen, die mit ihrem Zirpen um die Weibchen werben. Dabei konkurrieren sie mit ihren männlichen Artgenossen um Fortpflanzungschancen. Denn die Weibchen sind wählerisch; sie bevorzugen „kompetent zirpende" Männchen. Und die gehen ein höheres Risiko ein, von anderen Tieren, die ihnen nachstellen, entdeckt zu werden. Das ist der Grund, weshalb die Grillen verstummen und regungslos verharren, sobald sie ein Tier wahrnehmen, das ihnen zu nahekommt – auch wenn es sich dabei um einen neugierigen Touristen oder eine Biologie-Studentin handelt. Die Grillen ahnen nicht einmal, dass es ein Lebewesen gibt, das sie mit ihrem Zirpen verzaubern können.

Links: *Besiedlung und landwirtschaftliche Nutzung haben dazu geführt, dass in Europa artenreiche Feuchtgebiete knapper geworden sind. Naturparks wie S'Albufera des Grau dienen dem Schutz solcher Gebiete.*

Oben: *In die Lagune fließt das Meerwasser in unterschiedlichen Mengen hinein. Folglich schwankt auch der Salzgehalt. Lebewesen wie Algen, Bakterien, Fische und Pflanzen müssen mit diesen Schwankungen zurechtkommen.*

Kleine Bilder rechts, von oben nach unten: *Vögel, die unter Wasser jagen, unterscheiden sich durch zwei grundlegende Strategien. Die Ansitzjäger, wie zum Beispiel der Eisvogel, verharren regungslos auf ihren Beobachtungsposten und tauchen blitzschnell ins Wasser, sobald sie ein Beutetier wahrnehmen. Die Suchjäger dagegen streifen mit großer Ausdauer über die Wasserflächen, um ihre Beute ausfindig zu machen. Der Kormoran auf dem Bild legt nur eine Ruhepause ein. Er gehört zu den Suchjägern.*

An manchen Stellen des Parks bilden Sträucher, Gräser und niedrig wachsende Bäume, beispielsweise Steineichen, eine sehr dichte Vegetation.

Im Naturpark gibt es auch karge Felsformationen. S'Albufera des Grau ist ein vielgestaltiges, habitatreiches Gebiet, auf dem Lebewesen mit völlig unterschiedlichen Ansprüchen siedeln können.

Links:
Das zum Naturpark gehörende Cap Favàritx bietet ein gutes Beispiel dafür, wie sich Landschaftsformationen und damit Lebensbedingungen auf engem Raum ablösen können. Am Cap dominiert kahles Schiefergestein, das aus dem Wasser ragt. Dahinter wachsen zunächst Sukkulenten und dann niedrige Sträucher. Weiter landeinwärts liegt ein fruchtbares Tal mit Sandsteinhügeln.

Ganz oben:
Diese Felslandschaft bei Punta Grossa ist typisch für den stark zerklüfteten Norden.

Oben:
Der Blick fällt noch einmal auf die Landschaft am Cap de Favàritx. Wer sich dort aufhält, ist an der nördlichsten Stelle des Naturparks S'Albufera des Grau angelangt.

Unten:
Gleich hinter der Plaça von Na Macaret beginnt der kleine Strand der Cala Moli. Na Macaret könnte man als einen stimmungsvollen Ort der kleinen Dimensionen bezeichnen.

Ganz unten:
Südöstlich von Na Macaret, im Hafen von Addaia, geht es deutlich lebhafter zu. Die Bucht ist ein Fjord von betörender Schönheit.

Rechts:
Arenal d'en Castell ist um eine schöne sichelförmige Bucht gebaut. Klares Wasser lockt hier zum Baden.

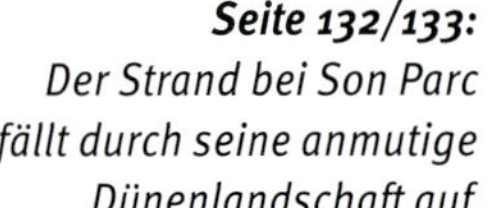

Seite 132/133:
Der Strand bei Son Parc fällt durch seine anmutige Dünenlandschaft auf. *Am westlichen Ende des Strandes beginnt ein Weg, der durch eine ruhige, unverbaute Landschaft führt.*

Register

Punta de s'Escullar
Cala Morell
Cala es Morts
Punta Nati
Coves de Cala Morell
Cala Mor
Punta Perpinyá
Son Salomó
Cap de Bajoli
CIUTADELLA de Menorca
Cala en Blanes
Los Delfines
Catedral
Talaiòtic de Montefi
Cala en Blanes
Església del Socors
Cala des Degollador
Son Oleo
Santandria
Cala de Santandria
Cala Blanca
Punta Quintana
Cala Blanca
Ermita de Miss
Son Cabrises
Cala en Bastó
Poblat de Son Catlar
Punta des Sac des Blat
Torre Saura
Cala en Bosc
Cap d'Artrutx
Son Xoriguer
Cap d'Artrutx
Cala en Bosc
Cala Son de Saura
M
i
t
5 km

Illa de Sanitja
Cap de Cavalleria
Cap Roig
Cap Gros
Illes Bledes
Cala en Calderer
Cala del Pilar
Cala Pregonda
Santa Teresa
Cap de Fornells
Es Morter
Cova de na Polida
Punta Rodona
Fornells
Coves Negres
Sa Falconera 205 m
Son Ametller
Binimel-la
Cala Tirant
Badia de Fornells
Arenal de Son Saura
Arenal d'en Castell
Punta Grossa
Son Parc
MENORCA
Castell de Santa Agueda
Santa Agueda 260 m
S'Alquerieta
Illots d'Addaia
Punta Mongofre
Na Macaret
Port d'Addaia
Llucatx Nou
Montnegre 173 m
Església de Sant Joan d'es Morts
Punta Timons
Cap de Favàritx
Cala Presili
Naveta des Tudons
Santa Bàrbara 191 m
S'Enclusa 275 m
ES MERCADAL
Ermita de Mare de Dú del Toro
Hort de Llucaitx
Torre Trencada
Església de Sant Bartomeu
Església de San Martin
Monte Toro 361 m
Capifort
Cap de Monsenyor Vives
FERRERIES
Son Arro
Son Martorellet
Els Amaradors
Font Rodona 237 m
Puig de s'Albaida 172 m
Morellet
Cala de sa Torreta
Illa d'en Colom
Binillobet
Puig Menor 112 m
Parc Natural de s'Albufera des Grau
Cala en Vidrier
Es Grau
Son Mercer de Baix
Coves de s'Encantement
Ermita de Fàtima
S'Albufera
Punta de sa Galera
Serpentona
Cala Galdana
Es Migjorn Gran
Cova de sa Prior
Santa Madrona
Caló de ses Màndries
Església de Santa Eulàlia
ALAIOR
Cova des Moro
Cala en Turqueta
Cala Macarella
Cala de Santa Galdana
Cala Trebalúger
Cova de ses Salines
Cova dels Pardals
Punta Rabiosa
Torre Soli 136 m
Sant Tomás
Platja de Sant Tomás
Torralba d'en Salort
Navetas
Cala Mesquida
Sa Mesquida
Sant Jaume
Torre d'en Galmés
L'Argentina
San Granja
Talati de Dalt
Platges de Son Bou
Son Bou
Basilica de Son Bou
Museo de Menorca
Església de Santa Maria
Cap Negre
Cala Llonga
Cap de ses Penyes
Basilica des Fornàs de Torelló
MAÓ
La Mola
Cala de St. Llorenç
Cala en Porter
Binixiquer
Sant Climent
Talaiot de Trepucó
ES CASTELL
Punta de s'Esperó
Fortalesa de Isabel II
Son Vitamina
Llucmacanes
Trepucó
Sol de l'Este
Cala en Porter
Cova Traglodites
Cales Coves
Fort Marlborough
Es Canutells
SANT LLUIS
Trebaluger
Cala des Canutells
Cova de s'Oli
Torret
Cala Rafalet
S'Algar
Binidalí
Binissafúller
Punta des Rafalet
Cala de Binidalí
Alcaufar
Cala d'Alcaufar
Cap d'en Font
Vell
Binibèquer-Nou
Biniancolla
Punta Prima
Illa de l'Aire
Mittelmeer

Ciutadella, die Stadt, die während der britischen Herrschaft ihren Hauptstadtstatus einbüßte, behält in diesem Buch das letzte Wort. Die Plaça de la Llibertat gehört zu den schönsten Plätzen der Insel. Unter Arkaden genießt man im Café Ulisses sein Getränk.

Impressum

Buchgestaltung
Matthias Kneusslin
www.hoyerdesign.de

Karte
Fischer Kartografie, Aichach

Printed in Italy
Repro: Artilitho snc, Lavis-Trento, Italien, www.artilitho.com
Druck und Verarbeitung: Grafiche Stella srl, Verona, Italien www.grafichestella.it

ISBN 978-3-8003-4253-2

Unser gesamtes Programm finden Sie unter:
www.verlagshaus.com